Collection

souris noire

dirigée par
François Guérif

L'auteur

Marc Villard est né en 1947 à Versailles. Enfance banlieusarde. Passions : football, rock n'roll, peinture. Diplômé de l'école Estienne. Écrit d'abord de la poésie pendant dix ans. Passe au polar en 1979 avec un roman écrit à quatre mains avec Degliame, *Légitime démence* (Sanguine), et un recueil de nouvelles, *Nés pour perdre* (Repères). Scénariste des films *Neige*, de Juliet Berto, et *Taggers*, de Cyril Collard. Vit à Paris, marié, trois enfants.

Du même auteur

- *Rock Machine*
  Souris Noire
- *Les doigts rouges*
  Mini Souris noire

Avec Romain Slocombe :

- *Cauchemars climatisés*
  Futuropolis
- *Cité des Anges*
  Albin Michel

Avec Myles Hyman :

- *Pigalle*
  Eden
- *Chroniques ferroviaires*
  Futuropolis

Marc Villard

La cavale des petits poucets

Illustration de couverture
Jacques Ferrandez

souris noire

SYROS
jeunesse

A Romain et Antoine

Catalogage Électre-Bibliographie
Villard, Marc
La cavale des petits poucets – Paris : Syros, 2001. – (Souris noire poche ; 52)
ISBN 2-84146-903-4
Dewey : 811.5 : Albums et fiction. Romans. Aventures et voyages
Public concerné : Adolescents (à partir de 11 ans)

1

21 h 45 au 13 de la rue Cibille. Toutes les lumières brillaient en façade de la maisonnette située dans le XIVe arrondissement de Paris.

Derrière l'une des baies vitrées, l'inspecteur principal Lozane, un Noir très élégant, en costume sombre et chemise blanche, grimaçait devant son assiette de pâtes ultra-collantes préparées par Julie, sa fille de treize ans, l'amour de sa vie depuis la mort stupide de son épouse lors d'un accident de la circulation, place de la Concorde.

Lozane grimaça en fixant, l'œil torve, son assiette.

– Qu'est-ce qu'elles ont, mes pâtes ? demanda la gamine, au teint café au lait.

– Elles sont parfaites, mon ange, mais ce soir je rêvais d'une choucroute garnie.

– Oublie ça, c'est mauvais pour ton cholestérol. Je mets la télé ?

– Moi, je serais plutôt partant pour un Scrabble...

– Tu vas prendre la pâtée, comme d'habitude.

– J'ai un nouveau bleu dans l'équipe, son nom c'est Furet. Eh bien, ce type-là parle comme dans un livre. J'apprends des mots nouveaux tous les jours avec lui. Tiens, aujourd'hui, c'était « hypocondriaque ».

– Okay, okay, tu vas souffrir.

Ce disant, Julie se souleva de sa chaise et débarrassa prestement la table de la salle de séjour. Lozane s'écarta un moment pour se rapprocher de la fenêtre, l'œil fixé à la tour surplombant la petite maison. Combien étaient-ils chaque soir à refaire les mêmes gestes, à échanger les mêmes blagues éculées ? Puis il se reprit et pensa : « À se chuchoter les mêmes mots d'amour, indémodables, ceux-là. »

– Allez, on commence ! commanda Julie.

Ils s'attablèrent et Lozane composa d'emblée *« disparu »*.

Une heure plus tard, alors que l'inspecteur s'évertuait à caser un *« wagon »* récalcitrant, on sonna à la porte d'entrée. Lozane se leva pour ouvrir et se trouva nez à nez avec une femme qu'il ne connaissait pas.

– Oui ?

– Excusez-moi de vous déranger si tard, monsieur Lozane, mais je suis inquiète pour mon fils.

Entre-temps, Julie s'était rapprochée.

– Ah, madame Lambertin, qu'est-ce qui se passe ?

– C'est Tony, je ne l'ai pas revu depuis hier matin et je venais voir si tu saurais où il est passé.

– Moi je croyais qu'il était malade : il n'est venu en cours ni hier, ni aujourd'hui, confirma la fillette.

– Mon Dieu !

Lozane tira la femme à l'intérieur et lui présenta un fauteuil.

– Ça lui arrive de s'absenter, comme ça ? questionna l'inspecteur.

– Pas du tout, c'est la première fois.

Lozane se tourna vers sa fille qui se dévorait les ongles.

– Et toi, Julie, il ne t'a parlé de rien ces jours-ci au collège ?

– Non... Il avait l'air plus renfermé que d'habitude, c'est tout.

L'inspecteur se pencha à nouveau vers la mère de Tony.

– Vous vous êtes disputés ?

– Moi non... mais Tony et son beau-père – je suis remariée, expliqua-t-elle – ne s'entendent pas très bien et il y a souvent des disputes à la maison. Rien de bien grave, remarquez...

– Parfois, ça suffit. Écoutez, ce n'est pas la peine de vous inquiéter, madame Lambertin, la grande majorité des fugueurs – et ça, ce sont les statistiques qui le disent – reviennent chez leurs parents dans la semaine qui suit. Cela dit, signalez sa disparition au commissariat du quartier, on ne sait jamais, il peut avoir été victime d'un accident de la circulation.

– J'ai déjà téléphoné aux hôpitaux. Bon, ben, je vais vous laisser. Julie, si tu apprenais quelque chose, tu me préviens tout de suite, n'est-ce pas ?

– Bien sûr, madame. Tony, c'est un copain.

Puis, sans prévenir, la gamine éclata en sanglots et partit se réfugier dans sa chambre.

– Elle est trop sensible, expliqua Lozane.

Madame Lambertin opina du chef et gagna la porte d'entrée.

– Allez, madame, courage ! Ah ! les enfants, c'est pas facile, hein ?

La femme retint ses larmes, serra la main de l'inspecteur et gagna l'ascenseur.

Lozane se dirigea vers la chambre de Julie.

« Je pourrais lui raconter une histoire », se dit-il. Mais à l'âge de Julie, les histoires n'avaient plus aucune prise sur le chagrin. Restait le Scrabble.

2

Le lendemain soir, Lozane poussa la porte de son appartement pour découvrir un lieu manifestement désert. Il dirigea ses pas vers la chambre de sa fille.

Julie, allongée sur son lit, les mains derrière la tête, contemplait le plafond avec insistance.

– Tu médites, ma grande ?

Elle dit « non » avec la tête.

– Un 2 en anglais peut-être ?

– Tony n'est pas revenu, papa...

Lozane soupira, retira sa veste et la lança sur une chaise placée derrière lui. Puis il s'assit sur le lit à côté de sa fille.

– Vous étiez si copains que ça, avec Tony ?

– Mais oui, il est déjà venu à la maison. C'est celui avec la mèche verte.

– Ah oui ! Géronimo.

– C'est malin.

– Écoute, ça ne sert à rien de t'inquiéter, si ça se trouve il est descendu sur la Côte d'Azur et il fait la foire avec des copains.

– J'ai décidé quelque chose...

– Tu pars en chasse ?

– Non, je vais passer une annonce dans *Libération*. Je me souviens qu'il les regardait souvent.

Lozane dissimula un sourire.

– Et qu'est-ce que tu vas mettre dans ton annonce, ma biche ?

La petite se redressa sur un coude, le cerveau fonctionnant à toute allure.

– Attends voir... Voilà : « Julie très inquiète pour Tony. Vite, des nouvelles. » C'est bien, non ?

– Tu peux toujours essayer. Tu as acheté quelque chose pour dîner ?

– Non, j'avais pas la pêche.

– Je t'emmène au restau, ça marche ?

– Super.

Elle sauta de son lit, enfila ses bottines et entraîna son père vers la porte d'entrée. Les jeunes filles sont comme ça.

Le lendemain matin, Julie fit insérer la précieuse annonce dans le quotidien, assortie du numéro de téléphone familial. Durant trois jours, elle campa, dès la sortie du collège, près du téléphone.

La maison, qui s'emplissait habituellement du vacarme douloureux de la chaîne hi-fi ou des séries américaines beuglant à tue-tête dans le poste TV, se convertit bientôt à un silence méditatif générateur d'une sourde inquiétude.

Elle abandonna les pâtes qui la retenaient trop longtemps dans la cuisine pour communier à la grand-messe surgelée.

Lozane engloutissait un, voire deux sandwichs avant de regagner son logis, histoire de se caler l'estomac avant d'entamer les dîners rachitiques concoctés par sa fille.

Puis, le troisième soir, elle n'y tint plus.

– Papa, faut que tu m'aides à retrouver Tony.

– Ma Julie, tu sais bien que je ne m'occupe pas des fugueurs, c'est un travail de fourmi qui peut prendre des semaines, voire des mois.

– D'accord, mais j'ai réfléchi à tout ça. Tu sais, quand on discutait entre nous, je me souviens que Tony parlait toujours du

Forum des Halles, du RER, de la FNAC. Il avait des copains là-bas qu'il retrouvait le mercredi ou le samedi.

– Bon, et alors ?

– Eh bien, je suis sûr, qu'il a dû aller voir ces bandes-là. Comme il n'est pas dans le quartier, c'est le seul endroit où il aurait pu se faire aider.

– C'est plutôt tiré par les cheveux comme déduction, mais moi, j'ai bon caractère, alors je te dis : parfait. Qu'est-ce que tu veux que je fasse ?

Elle se dandina d'un pied sur l'autre, coulant vers son père des yeux de teckel.

– Tu pourrais peut-être descendre dans le Forum, dans le RER et poser des questions. Tiens, j'ai même une photo de lui. C'est le troisième sur la gauche à côté de la fille au pull rouge, dit-elle en tirant un cliché de sa poche de jean.

Lozane éclata de rire. Quand il riait, il ne paraissait pas ses trente-six ans.

– Quelle organisation ! Et mes enquêtes à moi, qui va s'en occuper ?

– Tu parles toujours de tes enquêtes qui sont formidables et puis tu as Martin, lui c'est un chef.

– Fais-moi voir cette photo.

La gamine tendit l'image à son père. Celui-ci contempla un moment la moue boudeuse de Tony, son front zébré d'une mèche de cheveux teints en vert. Il nota également la petite boucle d'oreille décorant le lobe gauche. « Un petit merdeux », pensa-t-il.

– Bon, si j'ai un moment, j'irai y faire un tour.

Elle n'en demandait pas plus et, les yeux humides, se jeta dans les bras de l'inspecteur. Il la souleva sans effort jusqu'au plafond : il pesait quatre-vingt-cinq kilos pour un mètre quatre-vingt-dix.

3

Lozane pénétra dans le Forum par le grand escalator de la rue Pierre-Lescot. Il s'était fait la touche anonyme d'un péquin ordinaire : costume gris, imper passe-partout, pas de cravate.

Devant l'entrée de la FNAC, il dut repousser un commando de punks, trois skins rasés et quelques crève-la-dalle pour pouvoir avancer et explorer la galerie du niveau -3.

De temps à autre, il jetait un bref coup d'œil sur le cliché représentant Tony qu'il patinait au fond de sa poche d'imperméable, puis il se reprenait à dévisager tous les jeunes en mouvement, appuyant son regard sur des nuques aux dessins géométriques, certaines teintes en rose ou d'autres carrément imberbes.

Ayant opéré un tour complet des trois niveaux, il descendit dans l'espace de correspondance du RER.

Une dizaine de glandeurs se tenait devant un émule de Bob Marley qui beuglait, imitant son modèle, le célèbre *War*. Lozane se planta lui aussi devant l'Antillais et laissa son regard glisser sur le flux et le reflux permanent des badauds et des voyageurs pressés.

Les quais ne lui offrirent rien d'autre qu'il n'ait déjà vu à l'étage supérieur. Il remonta au niveau -3 et dirigea ses pas vers le Nouveau Forum aux proportions majestueuses et au faux marbre encore intact. Ici, un semblant de luxe étalait sa gourme. Lozane se permit un arrêt dans une boutique italienne de restauration rapide. Il commanda des raviolis et un verre de chianti, le regard perdu sur une exposition de photos qui faisait face à l'établissement italien. Puis il laissa derrière lui la Place Carrée et partit inspecter la file qui patientait devant le cinéma Forum-Horizon. *Batman* était annoncé et de nombreux adolescents chahutaient dans la colonne.

Lozane s'approcha des caisses et sortit simultanément sa carte de policier et la photo de classe prêtée par Julie.

– Police, vous n'auriez pas vu passer ce gamin avec sa mèche verte ?

La caissière stressée jeta un coup d'œil rapide sur l'image et, tout en rendant la monnaie, lança méchamment :

– Si vous pensez que j'ai le temps de dévisager les clients, vous croyez au père Noël. Je rends la monnaie et puis c'est tout.

Lozane haussa les épaules et remisa la photo dans sa poche.

Il revint à pas lents vers la place. Il hésita entre deux escalators et se décida pour celui de Saint-Eustache qui lui offrirait à sa sortie une vue sur l'église. Alors qu'il parvenait à l'étage, il nota un attroupement près d'un ascenseur. Repoussant les badauds, il se trouva dominer trois jeunes pompiers penchés sur le corps d'un gamin de treize ou quatorze ans. À ses côtés, une fille serrée dans un blouson en peau de mouton contemplait un éden inaccessible.

Lozane sortit sa carte.

– Inspecteur Lozane, qu'est-ce qu'il se passe ?

Le plus âgé des trois pompiers se redressa et confia à mi-voix :

– C'est encore un gosse qui a pris une surdose de Bianol...

– Bianol, qu'est-ce que c'est ?

– Un médicament. Ils en prennent une dizaine qu'ils font glisser avec de la bière et ils plongent dans un coma profond. Celui-là est en train de mourir. Ils passent toutes leurs journées dans les sous-sols du Forum à avaler leurs saloperies.

Un peu secoué, Lozane posa sa question à haute voix :

– Ça n'est pas le premier ?

– Oh non ! C'est le troisième en deux mois. Sans compter ceux qu'on a pu sauver...

L'inspecteur se pencha sur le gamin. On ne pouvait plus rien faire pour lui. L'enfant était vêtu d'un ensemble en jean crasseux. Le flic glissa la main dans la poche de poitrine du blouson et tira vers lui un portefeuille décoré du sigle ACDC. Il l'ouvrit, contempla la carte d'identité puis, alors qu'il s'apprêtait à refermer l'objet, il fit tomber à terre une coupure de cinq cents francs craquante à souhait. Lozane se tourna vers le pompier :

– Dites donc, il a les moyens pour un glandeur.

– Oui, c'est curieux.

– Écoutez, comme je suis sur place, je prends l'affaire en main. Je m'arrangerai avec le commissaire du quartier, c'est un ami. J'emporte le portefeuille au complet.

– On peut vous joindre à quel commissariat ? s'inquiéta l'homme du feu, un rien suspicieux devant ce Noir impressionnant.

L'inspecteur plongea la main dans son imper, sortit son portefeuille et fit glisser sa carte vers le pompier. Celui-ci opina de la tête. Puis, indiquant le gosse, il suggéra :

– C'est peut-être un fils à papa.

– Peut-être, mais je vais quand même m'intéresser à ce billet.

Lozane avait oublié Tony. Il fendit la foule maintenant compacte et regagna à grands pas son véhicule garé boulevard Sébastopol puis mit le cap sur l'île de la Cité.

Quand Lozane pénétra dans le bureau de ses enquêteurs, il surprit le jeune Furet à genoux devant la machine à sandwichs, psalmodiant des prières incompréhensibles en direction du monstre métallique. Lozane stoppa son élan.

– Qu'est-ce qu'il vous arrive, Furet ? demanda l'inspecteur au jeune homme qu'il continuait, de façon inexplicable, à vouvoyer.

Rouge de confusion, l'enquêteur se redressa en s'époussetant les genoux.

– Euh... chef, c'est cette putain de bécane, quand on appuie sur « pâté », elle nous sert des sandwichs au fromage.

– Et alors ? C'est excellent pour la santé. Suivez-moi, j'ai un job pour vous.

Ils s'installèrent dans le bureau de Lozane

qui brandit le billet de cinq cents francs devant le nez de Furet.

– Vous me passez le numéro de cette coupure dans l'ordinateur. Comme il est neuf, ce n'est pas la peine de remonter trop loin.

– Hold-up ?

– Je n'en sais rien pour le moment, je me trompe peut-être mais, dans le doute, je préfère vérifier.

– Okay, j'en ai pour une demi-heure, chef.

L'inspecteur hocha la tête et se pencha sur les rares paperasses qui encombraient sa table. Alors qu'il s'apprêtait à jeter toutes ces proses inutiles à la poubelle, il tomba en arrêt devant un paquet plat et long comportant une petite carte scotchée dans le bas et indiquant « Bon anniversaire, chef ».

Lozane libéra le cadeau en soupirant. Une fois de plus, il avait droit à la cravate et, si c'était Bordas qui l'avait choisie, il lui fallait se préparer au pire.

Eh oui ! Bordas avait encore sévi : sur un fond vert bouteille, des roses peintes à la main affichaient une hideur sans complaisance. Lozane défit sa propre cravate, accrocha la nouvelle à son cou et fit son entrée dans la salle des enquêteurs.

– Une cravate de goût pour un homme de goût, s'étouffa Martin, pas dupe.

L'adjoint Collet, sentant peser sur lui le regard de son supérieur hiérarchique, leva les bras en signe de dénégation :

– Chef, c'est pas moi, j'ai juste participé !

Bordas, les yeux brillants, s'approcha de Lozane.

– Elle vous va super, chef !

– Merci Bordas, mais tout cela n'a rien à voir avec ton augmentation.

– Chef, j'ai jamais pensé que...

Lozane, pas rancunier, le prit par les épaules.

– Allez, les p'tits gars, on va fêter ça chez Khaled.

Un peu plus tard, alors que Lozane écrasait littéralement Bordas au flipper – celui-ci devait déjà cinq cents francs –, Furet débarqua dans le restaurant, passablement essoufflé. Il se dirigea tout droit vers son supérieur occupé à passer la barre des cinq cent mille.

– Chef, j'ai...

– Tais-toi, l'heure est grave.

Puis Lozane réduisit à néant les derniers espoirs de Bordas. Il se tourna enfin vers Furet qui piétinait d'impatience.

– Vous avez la réponse ?

– Le Crédit Lyonnais de Gagny, dix briques soulevées par le gang des Petits Poucets.

– Ça me dit quelque chose...

– Ils étaient masqués, chef, mais les témoins ont affirmé qu'il s'agissait d'enfants et les journalistes les ont baptisés les « Petits Poucets ».

– Ça m'intéresse, mon petit Furet, ça m'intéresse bien... Tenez, prenez un verre.

L'enquêteur s'exécuta et leva son verre en direction de son supérieur.

– Bon anniversaire, chef !

4

Le lendemain, Lozane redescendit dans les boyaux du monstre, les Petits Poucets en ligne de mire.

Il se fit ouvrir des portes destinées à dissimuler l'énorme poumon souterrain, il arpenta des kilomètres de passerelles grillagées, croisa des mécaniques folles, surprit même des conclaves de clochards serrés dans la chaleur des entrailles du RER Châtelet-Les Halles. À ses questions, les visages se fermaient. Un code non écrit régissait les rapports souterrains, chacun se méfiant de tout le monde, la loi de la jungle ayant encore droit de cité. Il avança le terme de « Petits Poucets » à plusieurs reprises, pour tâter le terrain, comme ça. Un vieux Noir avec qui il sympathisa – évoquant des souvenirs du Cameroun – l'écouta attentivement.

– Je sais pas si ce sont les enfants que vous cherchez, mais il y a effectivement dans les souterrains une bande d'enfants sauvages...

– Ils ont quel âge ?

– Oh, je dirais de dix à treize ans. Ils sont sales et se déplacent toujours ensemble. Je les ai croisés deux ou trois fois.

– À quel endroit ?

– Dans les zones interdites.

– Vous avez des passes, l'ami ?

– Sûr, y a Bondage qui les fabrique et qui nous les vend.

– À quoi ça sert de braver les interdits ?

– C'est pas histoire de faire le mal, c'est juste pour avoir un toit et de la chaleur. Là, en dessous, personne vient nous emmerder, même pas les flics... Oh ! faites excuse !

– Y a pas de mal. Je vais essayer de trouver ces gosses.

– Bonne chance, alors.

Mais Lozane en avait sa claque. Il remonta en surface et, malgré l'heure peu avancée, décida de rentrer chez lui, rue Cibille.

Il constata sur le large mur qui jouxtait sa maison que les insultes à son endroit maculaient toujours les lieux : « Lozane = sale nègre ». Un gosse s'occupait de ses relations publiques tout à fait bénévolement.

Julie ouvrit au premier coup de sonnette.

– Alors, papa, tu as trouvé quelque chose ?

– Eh ! laisse-moi arriver !

Lozane se défit de ses vêtements, puis, le temps de rafler une pomme dans une coupe, il se tourna vers la gamine qui se dandinait d'impatience.

– Il y a effectivement une bande de gamins qui vivent isolés dans les souterrains du métro.

– Tu as montré la photo de Tony ?

– Évidemment, mais les gens qui vivent là-dessous ont leurs lois à eux qui n'ont pas grand-chose à voir avec les nôtres. Alors, la photo de Tony, ils s'en fichent complètement.

Elle se mordit la lèvre, tracassée.

– Mais comment ils arrivent à vivre, à manger, là-dessous ? Ils rentrent chez leurs parents ?

– Sûrement pas. Il doit s'agir d'un groupe de fugueurs ou de gosses abandonnés. En ce qui concerne la façon dont ils se procurent du fric, là, j'ai ma petite idée.

– Bon, d'accord, t'as fait ton effet, alors accouche, maintenant.

– Me parle pas comme ça, Julie. Au collège, tu fais comme tu veux, mais ici tu parles correctement.

– Oui, papa chéri.

– Bien. L'un des gosses vient de se tuer avec une drogue pharmaceutique et...

– Quoi ?

– Oui, une nouvelle, on n'arrête pas le progrès. Bon, toujours est-il que j'ai trouvé sur lui un billet de cinq cents francs. J'ai fait des recherches et, en fait, il s'agit d'un billet volé dans une banque de banlieue. Alors, à mon avis, les gosses sortent de temps en temps se faire une banque ou un magasin et, avec l'argent, ils peuvent voir venir quelque temps.

– Je ne vois pas Tony dans une bande comme celle-ci.

– C'est une idée à toi, ma chérie.

– D'accord, mais Tony n'est pas un voleur. Pourtant, j'ai un pressentiment, je sens qu'il est là-bas. Il en parlait trop souvent pour avoir choisi de partir se cacher ailleurs.

– J'irai peut-être y faire un tour demain, mais si je n'arrive pas à mettre la main sur ces gosses je serai obligé d'arrêter. Je n'ai pas que ça à faire, ma grande.

Elle se releva du fauteuil et posa un baiser délicat sur le front de l'inspecteur.

– Merci, papa. T'es le meilleur, tu vas trouver.

– C'est ça. Tu as préparé quelque chose pour le dîner ?

– Euh... j'ai des pâtes et des anchois en boîte.

– C'est mieux que rien.

5

Les gosses se tenaient au centre d'un quadrilatère composé de tubulures, de plates-formes grillagées et de coursives aux escaliers étroits et verticaux.

Deux d'entre eux, Smoke et Bunny, avaient réquisitionné les tabourets disponibles. Trois petits, sur un matelas crasseux, étaient serrés les uns contre les autres. Le reste de la bande était campé debout devant les trois clochards qui leur faisaient face, la lumière dans le dos pour dramatiser encore un peu plus la réunion.

Les trois clochards répondaient aux noms de Banzaï, Riton et Deker. Le plus féroce semblait être ce dernier qui dardait sur l'assistance son seul œil valide et hargneux. Riton était noir et Banzaï se contentait d'être chauve. Les Petits Poucets étaient sales, dépenaillés et un rien terrifiés, à l'exception de Smoke et Bunny. Dans un coin, Tony cachait sa timidité en tirant sur un mégot de Gitane et entortillait frénétiquement sa mèche verte.

De toute évidence, les gosses n'avaient pas droit à la parole, seuls Smoke (cheveux ras et blouson noir) et Bunny (cheveux très longs et tee-shirt destroy) étaient autorisés à tenir le crachoir.

Deker se tourna vers les deux leaders :

– Alors, qui c'est, c'nègre ?

Smoke releva la tête.

– Y s'balade à droite, à gauche. Y montre des photos... J'ai essayé de cuisiner Mamadou mais il ne veut rien dire.

– Moi j'pense que c'est un flic, assura Bunny.

– Quelqu'un a vu les photos qu'il trimballe ? demanda Riton.

Tous les mômes secouèrent la tête négativement.

– Si c'est un flic, continua Deker, notre ami Kostas nous rencardera. De toute façon, il n'est pas question de se laisser emmerder dans la cave. Ici, c'est à nous. Flic ou pas flic, il doit rester dehors.

– Tu causes juste, Deker, le soutint Banzaï.

– Faut qu'vous vous en occupiez, les mômes, c'est un travail facile. Y a des volontaires ?

Les gosses se dévisagèrent, gênés, puis portèrent leurs regards vers Smoke et Bunny.

– On peut le faire contre la dope, Deker, proposa Bunny en rougissant.

Les trois clochards se mirent à sourire en jouant les gros bras.

– Holà ! tu donnes des ordres, Bunny, c'est nouveau, ça vient de sortir ! Tu veux que je parle de toi à Kostas ? menaça Riton.

– J'donne pas des ordres, mais j'pense que c'est pas si facile de dérouiller un flic. Faudra faire ça à découvert, j'aime pas tellement.

– Bon, d'accord pour la dope. Vous vous arrangez pour lui coller la trouille mais le dégommez pas, car si c'est vraiment un flic on se retrouverait avec une armée dans les souterrains.

– On fera ça comme des chefs, pas vrai, les gars ? demanda Bunny en se tournant vers la bande.

Les Petits Poucets, maussades, opinèrent du chef. L'un d'eux, Manu, leva la main, un rien rastaquouère.

– J'irai avec toi, Bunny.

Deker se dressa de toute sa taille.

– À part ça, quoi de neuf dans le secteur ?

Un silence lourd succéda à la question, puis un gosse teigneux au regard embroussaillé cracha ces trois mots :

– Rocky est mort.

– Je sais, mais Rocky n'a jamais su planer. Il prenait des doses de chef, faut savoir rester modeste avec la dope.

– Quand même...

– Quand même quoi ? Tu préfères la limonade ?

Le rira gras de Deker éclata, sardonique, alors que ses deux comparses ricanaient aussi, servilement, avec un temps de retard.

– Allez, les mômes, débarrassez-nous du flic et vous savez quoi ? Vive l'anarchie !

Le lendemain matin, Lozane entreprit d'arpenter l'entrelacs de couloirs qui desservaient les quais où se pressait encore, malgré l'heure avancée – dix heures du matin –, une population affairée, l'œil rivé aux panneaux lumineux indiquant les directions empruntées par les trains.

Il marchait d'un bon pas, dévisageant les jeunes, voire les gamins pouvant appartenir aux Petits Poucets. Il stoppait parfois devant un magasin voué aux chocolats fins et, vaguement honteux, sortait de la monnaie de ses poches :

– Donnez-m'en cent grammes, s'il vous plaît.

Il reprenait son chemin, la bouche pleine, se reprochant mentalement de n'avoir pas su résister à la tentation. Le Ticket Choc lui arracha un sourire, puis il parvint aux composteurs qui précédaient le large trottoir roulant. L'employé de la RATP, dans sa cabine de verre, le salua amicalement et lui permit de passer sans ticket. En peu de temps, Lozane était devenu *persona grata* dans le secteur.

Il s'engagea sur le trottoir roulant, désert à cette heure, et commença d'avancer lentement. Dans son dos, deux gosses en rollers s'élancèrent dans le couloir qui filait sur la droite du trottoir roulant.

Lozane perçut le feulement des bielles, il tourna le visage à demi au moment où deux battes de base-ball s'écrasaient sur lui. Instinctivement, il rentra la tête dans les épaules et reçut les chocs dans le gras du cou.

Les deux enfants ne s'attardèrent pas. Ils filèrent à toute allure vers l'escalier qui fermait le couloir juste avant l'escalator en direction de Neuilly.

Lozane s'ébroua et, reprenant le contrôle, s'élança en courant sur le trottoir roulant qui avait l'avantage de doubler sa vitesse de course.

Il sauta enfin sur la terre ferme pour voir disparaître l'un des deux gosses qui éprouvait de la peine à avancer.

L'inspecteur s'élança derrière l'enfant qui empruntait maintenant un couloir bondé de touristes. Il bouscula les glandeurs pour se faufiler, mais Lozane laissa tomber sur son dos une énorme patte.

– Terminé, fiston !

Le gosse se retourna et lui décocha un violent coup de genou dans les jambes, ce qui lui valut de réceptionner un aller-retour fulgurant sous le regard réprobateur de la foule touristique. Lozane exhiba sa carte de police et, saisissant le gamin par le col, lui fit faire demi-tour en direction de la sortie principale.

– Salaud de flic ! cracha le gosse.

– Vous dites tous la même chose, me fatigue pas, répondit l'inspecteur.

Parvenu à l'air libre, Lozane hésita puis décida d'aller interroger l'enfant chez Khaled. Il avait besoin de goûter une nourriture de qualité qui lui ferait oublier les pâtes calamiteuses de Julie.

6

Ils étaient attablés face à face chez Khaled. L'enfant, cheveux hirsutes et visage sale, était menotté par le poignet à sa chaise.

Lozane, quant à lui, engloutissait un couscous royal arrosé d'un petit beaujolais des familles.

Le gosse dévorait des yeux l'assiette de l'inspecteur.

– C'est dégueulasse de bouffer autant que ça, commença le gosse.

– Ça me permet d'attendre Furet, il va revenir bientôt et je saurai enfin d'où tu sors.

– Vous êtes pas si malins que ça, chez les flics !

– Tiens, le voilà.

Le jeune enquêteur se frayait en effet un chemin jusqu'à la table de Lozane.

– Je l'ai, chef !

– Raconte...

– Emmanuel Burgaud, treize ans, fugueur, habitait 12, avenue des Peupliers à Ollioules. Les parents ont signalé sa disparition il y a trois mois de cela.

Lozane se tourna vers le gosse.

– Alors, on n'est pas malins ?

Le môme, consterné, se tenait tête baissée, conscient d'être mis soudainement à nu.

L'inspecteur plia sa serviette, congédia Furet d'un geste et se redressa de toute sa taille.

– Allez, gamin, on passe dans la salle des mariages.

Il libéra le gosse et le poussa sans ménagement vers la seconde salle.

Parvenu dans le local, il tira une caisse à lui et appuya sur les épaules de l'enfant pour le faire asseoir.

– Alors, Emmanuel...

– Manu, pauvre cloche.

Lozane soupira, les yeux au ciel.

– Bon, Manu. J'ai besoin de deux renseignements : le premier concerne un jeune type de ton âge qui a pu arriver dans la bande ces jours-ci. Son nom, c'est Tony. Tu l'as vu passer ?

– Je connais aucun Tony et même si j'en connaissais un je vous le dirais pas.

– T'es un vrai dur, je suis impressionné. Combien tu pèses ?

– Merde.

– J'ai retrouvé dans le portefeuille de Robert Condoze – qui est mort avant-hier – un billet de cinq cents francs. Ce fric a été fauché dans une banque de Gagny et, à mon avis, c'est ta joyeuse bande qui a fait le coup...

– C'est pas ma bande.

– D'accord, mais tu en fais sûrement partie. Au fait, pourquoi m'as-tu attaqué ?

L'enfant resta muet. On pénétrait à petits pas en terrain miné, il le savait et, malgré sa grande gueule, trouvait la volonté de se taire.

– Qui t'a dit que j'étais flic ?

Manu se fendit d'un sourire.

– Avec la tronche que vous vous payez, faudrait être con pour pas reconnaître un flic. Le mec de *L'Arme fatale* a la même tête que vous.

L'inspecteur, qui s'était accoudé au baby-foot, rafla une boule et, négligemment, poussa le gosse par terre à l'aide de la sphère.

– Sois poli, Manu, moi je suis poli avec toi, répliqua Lozane, ironique.

L'enfant se mit à quatre pattes, se redressa et resta campé, jambes écartées, face au flic.

– Okay, revenons à la banque. C'est vous qui l'avez braquée, oui ou merde ?

Manu hésita, indécis. Son regard se faufila aux quatre coins de la pièce. Ce flic immense commençait à lui fiche carrément la trouille.

– Pourquoi je vous répondrais, j'ai rien à gagner !

– Si, justement. Je peux t'éviter de gros ennuis et te ramener chez tes parents.

– Plutôt crever !

– Tu as attaqué un flic, je peux oublier de porter plainte.

L'argument porta. Manu se mordillait les lèvres, pas encore convaincu.

– Ça vous avancera à quoi de savoir ça ?

– J'aime que les choses soient bien rangées, si tu n'y vois pas d'inconvénient.

Un ange passa, délicatement.

– Bon, d'accord, c'est nous qui avons fait le coup...

– Bravo, fils. Mais vous n'avez pas décidé ça tout seuls, quand même ?

Le visage du petit se masqua soudainement.

– J'ai plus rien à dire.

Lozane se détourna, dissimulant un sourire de triomphe.

– On va mettre ça noir sur blanc, j'ai des formulaires tout prêts dans un tiroir.

Disant cela, il alla farfouiller au fond de la pièce dans un vieux secrétaire anglais. À ce moment précis, Manu fit volte-face, cavala jusqu'à la fenêtre, l'ouvrit d'un coup et, sans demander son reste, sauta dans la rue.

L'inspecteur déplaça sans grâce ses quatre-vingt-cinq kilos, bouscula les tables, traversa comme une flèche le restaurant, semant la panique sur son passage. Arrivé dans l'embrasure de la porte d'entrée, il écarquilla les yeux : son témoin numéro un venait de lui filer entre les pattes. Il entendit derrière lui le rire aigrelet de Khaled.

– Tu t'fais baiser par les mômes, Lozane. Fais gaffe, le troisième âge est pas loin.

L'inspecteur le rejoignit, fatigué.

– Je sais, Khaled, je sais.

Le soir tombait sur la ville. L'inspecteur s'attabla dans la salle à manger face à Julie. Le couscous en boîte qui garnissait son assiette semblait l'inspirer.

– Tu t'améliores, ma biche !

– Tu parles, c'est tout préparé.

– Quand même, tu fais dans la subtilité.

La gamine, maquillée ce soir-là en Jivaro, releva le nez de son assiette.

– Tu vas pas laisser tomber, pour Tony ?

– Je ne peux pas passer mon temps dans le

métro, ma grande. J'avais un témoin et je l'ai laissé filer, comme une andouille...

– Écoute, j'ai une idée. Je pourrais descendre dans le métro, me balader un peu partout. Si Tony est dans les parages, il viendra me voir, il pourra pas s'en empêcher.

– T'es pas bien ? Cette bande a commis des hold-up, ils se droguent avec des médicaments et toi tu voudrais leur rendre des visites de politesse !

– Tu pourrais me faire protéger par tes hommes, et si j'arrivais à avoir le contact avec Tony, j'essayerais de te rebrancher sur la bande. Comme ça, on serait contents tous les deux. Moi, je retrouve Tony et toi, tu récupères tes casseurs de banque.

Lozane s'enfila un verre de vin rouge.

– C'est dangereux, contesta-t-il d'une voix peu sûre.

– Tu me mets deux flics de première sur le dos et je ne crains rien. Allez, papa, pour me faire plaisir !

– J'aime pas voir ma fille jouer les chèvres.

– Les appâts, c'est plus joli.

– Bon, je vais y réfléchir.

La petite contourna la table et se jeta dans les bras de son père.

– Je savais que tu accepterais, t'es vraiment formidable !

Lozane se rengorgea.

– Allez, mets-nous la télé.

7

Et Julie descendit à l'intérieur du monstre. Collet et Furet jouaient les traîne-patins à trente mètres en arrière, l'air un peu cloche, mais on ne choisit pas ses missions, dans la police.

La petite s'était fait une dégaine de marlou : jean percé, chaussures à semelles compensées et vieux blouson de toile sur un tee-shirt. Elle se contenta, pour sa première matinée dans le métro, d'arpenter, le nez au vent, les couloirs. Elle traversa également le Forum de part en part, musardant aux vitrines de vêtements et se nourrissant d'éclairs au chocolat.

L'après-midi, elle s'enfonça très loin sur les quais déserts et dans les couloirs de sortie des cinémas du côté de la sortie rue du Jour.

À cet endroit précis, un grand type blond, habillé comme un cow-boy d'opérette avec Stetson et lacet confédéré autour du cou, empoignait par les cheveux un jeune Noir lui rendant dix kilos :

– Comment t'as dit, l'négro ?

– J'ai dit : les guignols sont de sortie et je t'emmerde !

Le blond, sans lâcher sa proie, se tourna vers une jeune femme vêtue à la mexicaine.

– T'as entendu, chérie, cet enflé nous traite de guignols !

– Fais-lui mal, Dick !

Au moment où il se retournait vers le Noir, le cow-boy se prit un coup de boule en plein visage. La mêlée fut rapidement générale car, en fait, les gens s'ennuient au Forum. Tous ces trésors exposés coûtent les yeux de la tête. On regarde mais on ne touche pas.

Julie se faufila entre les badauds. Elle avait repéré au deuxième rang un gamin sale, au visage boudeur, qui posait sur toute cette effervescence un regard blasé. Elle parvint jusqu'à lui.

– Hé ! excuse-moi, j'peux t'poser une question ?

Le gosse tourna vers elle un visage étonné. Il haussa les épaules en signe d'assentiment.

– Voilà, j'ai un copain – Tony, c'est son nom – qui doit vivre en dessous et je voudrais le revoir, mais je sais pas où chercher. Peut-être que tu le connais ?

– Peut-être qu'il a pas envie de te voir, ce mec.

– C'est possible, mais dans ce cas-là il me le dira lui-même.

Le gamin embrassa la foule en panoramique puis saisit Julie par le bras.

– Tu as deux flics au cul. On va attendre qu'ils regardent ailleurs.

Ils attendirent deux minutes que Furet et Collet, distraits par le spectacle, relâchent leur surveillance, et se laissèrent glisser contre une porte que l'enfant ouvrit rapidement à l'aide d'un passe. Puis ils disparurent aux yeux de la foule.

Furet abandonna le combat à regret pour vérifier si Julie était bien à la même place. *Nada*. Il poussa Collet du coude.

– Elle n'est plus là.

La peur leur noua les tripes. Ils arpentèrent au pas de course tous les méandres du Forum mais, deux heures plus tard, ils se rendirent à l'évidence. Ils l'avaient bel et bien paumée. Collet se décida enfin à téléphoner à Lozane.

Au-dessus d'un marigot d'huile cerné par des grilles métalliques, Smoke s'était installé un hamac. Près du hamac, sur une ex-caisse d'oranges espagnoles, une bouteille de whisky « J & B » reposait. Pas très loin, un frigo irrécupérable faisait office de vaisselier. Et c'était tout.

Berty, le guide de Julie, poussa la fillette devant lui au moment où Smoke ouvrait un œil en direction des importuns.

– Elle cherche après un certain Tony, Smoke.

– Tony ? J'vois pas. Mais dis donc, t'es mignonne, comme gamine...

Le garçon aux cheveux ras se laissa tomber à terre et entreprit de tourner lentement autour de Julie qui n'en menait pas large.

– C'est très mignon, ça. Écoute, on est une bande de copains, là, en dessous. Tu pourrais rester un moment et peut-être qu'on verrait passer ton Tony. Qu'est-ce que tu en dis ?

Le ton employé par Smoke laissait entendre qu'il s'agissait plutôt d'un ordre que d'une suggestion.

– Euh, oui... oui, d'accord.

– Bien, suis-moi.

De passerelle en passerelle, de trous d'ombre en pièces nues vibrant sous une lumière éblouissante, les trois adolescents gagnèrent un espace qui recevait, comme au fond d'un puits de mine, une vague lueur du jour, là-haut, très haut au-dessus de leurs têtes.

Blafards et désœuvrés, les Petits Poucets étaient répandus sur des matelas posés sur le sol. Les plus jeunes lisaient *Pif Gadget*, les autres buvaient des bières. Deux d'entre eux paraissaient plongés dans un coma éveillé.

Julie se laissa glisser au sol, près d'un petit de dix ans aux yeux éteints. Smoke la contempla un moment pour tourna les talons. Il réintégra le niveau -3 du Forum et avisa Deker, flanqué d'un chien pelé sur les marches qui bordent l'entrée principale de la FNAC.

– Dek, j'ai une fille : treize ans, café au lait, beau petit cul, mignonne.

– D'où elle sort ?

– J'en sais rien mais c'est une copine à Tony, le mec avec la mèche verte.

– Celui qu'est à la Réserve ?

– C'est ça.

Deker prit le temps de réfléchir un moment.

– J'en parlerai au client mais ça m'étonnerait que ça marche, depuis le début il réclame uniquement des garçons.

– ON peut faire aussi des trucs sympas avec les gonzesses.

– Chacun ses goûts, mec. Tu n'as rien dit à Bunny de notre accord ?

– T'es dingue, c'est juste entre toi et moi.

– Et ça doit le rester. Je jetterai un œil à l'occasion sur la gamine. Vous avez retrouvé l'autre con ?

– Manu ?

– C'est ça.

– Non, ils ont dû le coller en taule ou le ramener chez ses vieux.

– Il parlera ?

– J'crois pas. D'ailleurs, s'il avait parlé, on aurait déjà les flics au cul, non ?

– Oui, c'est juste. Tu leur as causé du Supéco, demain soir ?

– Oui, ça les branche, ils pensent surtout à la bouffe.

– Okay, mais moi, c'est la hi-fi qui m'intéresse. Tu les tiens bien, Smoke ?

– Par les couilles, Dek.

– Okay, dégage...

8

Ça ne rigolait pas, dans la salle des mariages, chez Khaled. Dans un coin, accablés et honteux, Collet et Furet contemplaient leurs chaussures avec insistance.

Martin et Bordas s'étaient posés sur des caisses. Quant à Lozane, il se tenait contre le baby-foot, balançant une à une les boules dans les buts du meuble. Ses mâchoires étaient crispées et la lumière qui tombait sur lui dessinait sur son visage des méplats inquiétants.

– Dans le privé, on vous aurait virés.

Personne ne moufta.

– Elle n'a pas pu s'envoler sous votre nez, nom de Dieu ! hurla Lozane.

Collet releva la tête.

– Chef, on l'a perdue dix secondes au maximum.

– Et alors, dix secondes, cinq secondes... Qu'est-ce que tu foutais ? Tu te branlais ?

– Chef, commença Furet, y avait des mecs qui se castagnaient et on était tous...

– C'est ça : comme au cinéma : *Règlement de comptes à OK Corral.* Bon, écoutez, on va pas revenir là-dessus, mais il faut me la retrouver et vite fait. C'est ma gosse, n'oubliez jamais ça, j'y tiens plus qu'à moi-même.

Alors, Martin, tu prends tous les hommes dont tu as besoin, tu coffres qui tu veux, tu fous ce putain de Forum en l'air mais tu me retrouves Julie.

– Okay, patron.

– Moi, je vais chercher dans mon coin. Seul.

Dans les sous-sols, derrière les portes interdites au public, un semblant de liberté régnait au sein de la communauté des gamins. Julie s'en rendit vite compte. Mais, dès qu'il leur fallait remonter au niveau des humains, Smoke et Bunny imposaient une discipline de fer. Ils ne devaient se déplacer qu'en marchant à vive allure, toujours groupés, rasant les murs, évitant de traverser les places de correspondance du RER.

Les Petits Poucets apparaissaient et disparaissaient dans un murmure. Les badauds qui les distinguaient parfois à dix ou vingt mètres se frottaient les yeux, pensant avoir été l'objet d'une hallucination.

La première journée de Julie dans les sous-sols fut consacrée à une opération fauche chez un traiteur, un vol à l'étalage chez un marchand de chaussures et, pour le reste, une lecture assidue d'illustrés, à la lumière blafarde dispensée par le conduit qui desservait la pièce aux matelas.

Sur le coup des dix-huit heures, Smoke réapparut en compagnie d'un clochard au regard dur dont Julie ignorait tout : Deker. Elle perçut une tension dans la communauté des Petits Poucets. Deker et Smoke discutaient à trois ou quatre mètres, debout, et le clochard tournait parfois la tête vers elle pour la dévisager.

Deker prononça à voix basse :

– J'ai demandé, ils ne veulent pas de filles.

– D'accord, mais qu'est-ce que j'en fais ?

– Si c'est une fugueuse, tu peux la virer, mais si ça n'est pas le cas, il faut qu'elle reste ici. On peut pas prendre le risque de la laisser remonter.

L'équipe de Lozane, dirigée par Martin, commença d'investir le Forum en général et le RER en particulier dès le lendemain matin. Une dizaine de policiers en tenue prêtaient main-forte aux enquêteurs, chacun serrant dans sa poche la photo de Julie. Par la même occasion, Martin vérifiait l'identité de tous les groupes de jeunes glandeurs. Certains furent évacués sur le poste de police de la rue Pierre-Lescot. Toutes ces allées et venues semèrent un semblant de perturbation dans la communauté souterraine, mais les vrais lieux enfouis furent curieusement négligés par les flics. Certains d'entre eux se firent ouvrir des portes de service débouchant sur des conduits obscurs dans lesquels il paraissait impensable que des humains puissent survivre. On referma lesdites portes en se pinçant le nez. Toutes les équipes se retrouvèrent, le soir venu, au centre de la place de correspondance du RER, près du lieu de rendez-vous des sourds-muets. Lozane, épuisé, contempla ses hommes et leur lâcha rapidement ces simples mots :

– Demain matin, même heure.

Puis ils tournèrent les talons, la tête basse.

Une dizaine de mètres en dessous, Julie ne perdait pas son temps. Le machisme s'exerçait en effet aussi bien dans les souterrains qu'en surface, et on lui avait confié la tambouille pour la soirée. Elle empilait donc des boîtes de cassoulet dans deux grandes casseroles disposées sur des Camping-gaz, braqués récemment. Près d'elle, un gamin de dix ans – Antoine – « lavait » la vaisselle de la veille dans un bac fangeux. Smoke et Bunny étaient absents, et les Petits Poucets restants se tenaient à quinze mètres dans la pièce aux matelas. Julie se pencha vers son aide-plongeur, un gamin aux joues piquetées de taches de rousseur.

– Dis donc, Antoine, ça fait longtemps que tu vis ici ?

– Deux mois.

– Tu as fugué ?

– J'me suis taillé d'un orphelinat, pourquoi ?

– Voilà... je cherche un copain, il s'appelle Tony, il a une mèche teinte en vert sur le front et il...

– Ouais, je vois qui c'est. Il est resté deux jours avec nous puis Smoke et Deker l'ont emmené ailleurs, à la... merde, comment ils disent ? Ah oui, la Réserve.

– Qu'est-ce que c'est la Réserve ?

– Je sais pas, mais ceux qui vont à la Réserve ne reviennent jamais ici.

– Elle est où, cette Réserve ?

– J'en sais rien. Nous, on nous dit rien, on est trop petits.

Pensive, la gamine continua de remuer son cassoulet d'une main experte. Il était tard, elle avait un peu peur et elle commençait à s'ennuyer de son père. Elle imagina également son angoisse mais elle faisait tout cela pour Tony. Et ça ne sentait pas bon pour Tony.

– Dis, Antoine...

– Ouais ?

– Tu es heureux, ici ?

Le gosse s'arrêta de plonger et fixa un point invisible placé devant lui.

– Non, pas vraiment.

– Pourquoi ça ?

– On fait pas c'qu'on veut...

– Bunny a l'air sympa, pourtant !

– Lui, ça va, mais c'est Smoke et Deker qui commandent, sans compter Riton et Banzaï.

– Qui c'est, ceux-là ?

– Deux clodos comme Deker. C'est eux qui donnent les ordres, ils nous disent les coups qu'on doit faire, et pour remercier ils filent des médicaments aux grands. Nous, les petits, on bouffe à l'œil.

– Mais vous pourriez partir ou désobéir, je sais pas, moi, plutôt que tout accepter comme ça...

– Ils ont un copain flic, Kostas, c'est son nom. Si on déconne, Kostas nous dénonce, c'est un vrai salaud, celui-là. Quand il veut, il peut nous faire partir dans une prison pour gosses, qu'il dit.

– J'vois pas quel est son intérêt dans l'histoire !

– Peut-être que Deker lui file du fric, je sais pas, moi.

– Et c'est quoi, les coups qu'ils vous demandent de réaliser ?

– Des magasins surtout. Une fois, les grands ont fait une banque...

– Il y a un coup de prévu pour bientôt ?

– Demain soir, on braque Supéco. Remarque, là, c'est bien parce qu'on peut piquer de la bouffe.

– Seulement à manger ?

– Non, Deker, c'qui l'intéresse, c'est les trucs vendables : les télés, les chaînes hi-fi, les magnétoscopes, tout ça, quoi ! Dis donc, Julie, t'es vachement curieuse pour une fille ?

– Eh oui, les filles sont comme ça. Tiens, passe-moi les assiettes.

Le gosse lui tendit les plats et elle commença à servir la pâtée aux Poucets.

Un peu plus tard, allongée sur son matelas crasseux, Julie se trouva tête contre tête avec Berty, le gamin qui l'avait conduite à Smoke. Alors que l'autre commençait à sombrer dans le sommeil, elle chuchota à son oreille :

– Berty, tu sais où se trouve la Réserve ?

– Qui t'a parlé de ça ?

– Je sais plus, l'un des petits.

– Ben, la Réserve, vaut mieux pas en parler devant Smoke, il aime pas. Moi, j'ai entendu dire qu'elle était tout au fond d'un tunnel désaffecté mais je sais pas où.

– Quand je t'ai parlé de Tony, pourquoi tu m'as pas dit tout de suite qu'il était plus avec vous, qu'il était à la Réserve ?

– On a des ordres de Deker : ceux qui s'intéressent à nous en surface, on doit les descendre. Ils peuvent être dangereux.

– Tu me trouves dangereuse ?

– Pas vraiment... Dis donc, t'as déjà niqué ?

– Quoi ?

– Niqué, baisé, fait l'amour...

– T'es pas bien, non ?

– Bon, tant pis. Fous-moi la paix maintenant, j'ai envie de dormir.

Julie, interloquée, s'écarta légèrement de Berty. Elle se rendit compte, à ce moment-là, qu'elle était la seule fille parmi tous ces garçons. Elle décida de remonter dès le lendemain et de raconter tout cela à son père.

Au moment de s'endormir, elle aperçut, glissant de la poche de Berty, le passe qui ouvrait la porte métallique au bout du couloir. Smoke l'avait confié au gamin. Elle subtilisa le cylindre de métal, le glissa dans son soutien-gorge et s'endormit.

Le lendemain, vers midi, elle entama avec Berty et Coco un strip-poker. Néophyte à ce jeu, la gamine fut embarquée dans un déshabillage en règle, orchestré par les deux garçons hilares.

– Bon, j'arrête, suggéra Julie, en soutien-gorge et petite culotte.

– Hé ! ça va pas, on vient à peine de commencer ! protesta Coco.

Ils convinrent finalement d'un dernier tour. Et Berty sortir un full aux as. Les larmes aux yeux, Julie ne se décidait pas à exhiber ses seins.

– Je vais enlever mon soutien-gorge, là derrière, et je reviendrai après.

– Ben, tu parles d'une histoire pour une paire de nichons !

– Je suis timide.

– Ouais, ben dis donc, t'es pas près de passer à la casserole !

Elle passa derrière un faisceau de tubulures et se retrouva dans une pièce vide et froide. Tout au bout, la porte bleue donnant sur le quai du RER Saint-Germain-en-Laye lui brûlait la rétine. « Et si je partais maintenant ? » Quelque chose en elle se refusait à dévoiler son anatomie à ces gosses égrillards.

Elle pouvait faire beaucoup pour Tony mais pas ça, non, pas ça.

Elle prit ses jambes à son cou, sautillant sur les coursives métalliques, parvint à la porte, sortit le passe de sa poitrine et débarqua à trente mètres d'un groupe de badauds occupés à contempler un émule de Bob Dylan qui martyrisait *Maggie's Farm*.

Les badauds sourirent à son apparition. Quelques sifflets lancés par des gamins la rendirent rouge comme une pivoine. Elle fit volte-face et se carapata, en petite tenue, sur un escalator. Le premier flic rencontré fut pour elle. Par bonheur, il reconnut Julie, la fille sur la photo.

– Votre père vous cherche depuis deux jours...

– Je m'en doute, vous savez où il est ?

– Voyons voir...

À ce moment, Martin apparut dans le champ de vision de la petite. L'adjoint de Lozane l'aperçut au même moment.

– Julies, d'où tu sors ?

– Je t'expliquerai plus tard. Il faut que je voie papa.

– Il est chez Khaled. Viens, je t'emmène.

9

Une heure plus tard, Julie, attifée comme l'as de pique par la femme de Khaled, se tenait dans la grande salle du restaurant, face à son père.

Martin était assis à leurs côtés et faisait honneur à un civet de lièvre que Lozane délaissait pour sa fille.

– Autrement dit, tu n'as pas été enlevée, c'est toi qui les as suivis. C'est bien ça ?

Elle baissa les yeux, un peu honteuse.

– Oui, papa.

– Et tu n'as pas pensé à ton père, à son angoisse ?

– Si, papa, je m'excuse.

Lozane soupira lourdement. Elle le tuait, cette môme !

– Bon, alors, qu'est-ce que tu as appris ?

Se sentant pardonnée, Julie commença à prendre de la place sur la table.

– D'abord, ils ont braqué la banque. C'est sûr. Ensuite, ils vont dévaliser ce soir même un magasin qui s'appelle Supéco. Tu connais ?

– Non, mais on trouvera.

– Ensuite, Tony est bien passé dans la bande mais ils l'ont enlevé pour le mettre dans un endroit spécial qui s'appelle la Réserve.

Il paraît que ceux qui vont à la Réserve ne reviennent pas.

Lozane et Martin se consultèrent du regard, et il leur vint la même pensée : la traite des enfants n'est pas une fiction.

– Qui dirige toute cette bande ? demanda Lozane.

– C'est surtout Smoke pour les jeunes, mais les vrais chefs, ce sont trois clochards. Ils donnent des médicaments aux plus grands et ils nourrissent les petits.

– Tu as entendu le nom des médicaments ?

– Non.

– Les enfants, tu leur as parlé ? D'où ils viennent ?

– Ce sont surtout des fugueurs, ils ont peur qu'on les reprenne, qu'on les rende à leurs parents ou qu'on les place dans des prisons pour gosses.

– Ça n'existe pas.

– Eux, c'est ce qu'ils disent. Les clochards, ils ont un flic avec eux qui peut s'occuper de renvoyer les enfants chez eux, c'est comme ça qu'ils les tiennent.

– C'est complètement dingue, ton histoire.

Lozane se tourna vers son adjoint.

– Comment se fait-il qu'on n'ait pas visité tous ces sous-sols ?

– On a commencé, mais on n'a rien trouvé. Comme c'est immense, j'ai laissé tomber. Faut dire aussi qu'on n'imagine pas que qui que ce soit puisse vivre là-dessous.

– Eh bien, on s'est trompés.

Julie pressa le bras de son père.

– Papa, on doit retrouver cette Réserve où ils ont mis Tony.

– Oui, ma grande, mais on va d'abord s'occuper de faire remonter cette bande à la surface.

– Si ça se trouve, Tony est en danger...

Lozane détourna le retard, troublé.

– Pourquoi tu dis ça ? Allez, chaque chose en son temps. Martin, essaie de me situer ce magasin Supéco, s'il te plaît.

– Okay, chef.

– Papa, je veux aller chercher Tony.

– Non. Je t'appelle un taxi et tu rentres à la maison. Maintenant, ça suffit.

Elle baissa la tête, progressivement.

Parvenue chez elle, Julie prit un bain, se changea et, sans beaucoup réfléchir, s'approcha du répondeur téléphonique. Elle effaça le message de bienvenue habituel et composa celui-ci :

« Papa, j'ai bien réfléchi. Comme je connais les sous-sols, j'ai plus de chances que vous tous de trouver Tony. Alors, je redescends. Ne m'en veux pas, il ne peut rien m'arriver de grave. Je t'aime, je remonterai pour dîner. »

Elle chaussa ses baskets pailletées, boucla l'appartement et se dirigea vers le métro en fredonnant.

À dix-sept heures, Lozane, qui dirigeait d'un bureau de la régie les opérations de ratissage dans les sous-sols du Forum, se décida à passer un coup de fil à Julie. À l'écoute du message enregistré, son visage se figea. Il pivota vers Martin qui donnait des ordres à deux policiers en tenue.

– Martin ?

– Oui ?

– Julie est redescendue.

– C'est plus de l'amour, c'est de la rage !

– On est dans la merde, il va falloir faire vite.

La Réserve. Berty avait parlé d'un tunnel désaffecté. Il fallait donc descendre au niveau du RER, se coltiner les tunnels, ouvrir des portes, repousser des rats. Les deux seules armes dont disposait Julie étaient une lampe de poche et le passe dérobé aux Petits Poucets. Avec ça, elle pouvait avancer. Elle marchait donc dans les tunnels, poussait des portes, découvrait des remises suintantes d'humidité, qui permettaient à des générations de rongeurs de survivre. Elle se fit des frayeurs, sifflota pour se donner du courage et tenta même de chanter. Elle y parvint presque.

Alors qu'elle commençait à perdre espoir, elle trouva un couloir sec, derrière une porte dans un tunnel direction Val-de-Marne. Des jets de vapeur s'échappaient des lattes métalliques verticales, mais le sol bétonné paraissait sain. Elle suivit le couloir, faiblement éclairé par des veilleuses, et stoppa net quand un murmure de voix parvint à ses oreilles.

Dans une sorte de dépôt désaffecté, Deker et Riton, affalés contre un mur, descendaient des cannettes de bière avec force glouglous.

Julie avança jusqu'à l'entrée de la pièce et se rencogna dans une anfractuosité du mur.

– Tu les vois réussir à Supéco ? demanda Deker.

– C'est facile et, de nuit, les employés sont fatigués, ils n'auront pas l'énergie pour leur coller au cul.

– Ouais... Smoke a fait une erreur avec la gamine, ils l'ont laissée filer et c'est même pas une fugueuse, si tu veux mon avis.

– Qu'est-ce que tu veux qu'elle raconte ? Que les gosses vivent sous terre ? Tout le monde s'en fout, Deker. Tu es trop bileux.

Alors que Julie se faisait de plus en plus petite dans son coin, une main noueuse s'abattit sur son épaule. Elle sursauta violemment et se trouva nez à nez avec Banzaï.

– Justement, on se demandait où tu étais passée, rigola le clochard.

Puis, d'une bourrade, il poussa la gamine en avant.

– Hé ! les mecs, on a de la visite ! claironna-t-il.

Les deux autres clochards se levèrent en souriant.

10

Lozane se morfondait dans son appartement. Martin, à ses côtés, restait relié par radio avec une équipe de policiers en tenue qui continuaient d'écumer les couloirs du RER et leurs soubassements.

À vingt et une heures, Lozane alluma la télévision et tenta de se concentrer sur un film de kung-fu qui arrachait de temps à autre une grimace à Martin.

– Sont dingues, ces Japonais ! commenta le jeune policier.

Lozane, mort d'inquiétude, approuva du chef, l'œil distrait.

À vingt-deux heures, ils surent que Julie ne rentrerait pas. Lozane ouvrit une boîte de cassoulet et ils s'attablèrent dans la salle à manger.

– Qu'est-ce que vous décidez, chef ?

– Si elle ne remonte pas, c'est qu'elle est retenue...

– Pas forcément, elle a pu tomber sur un filon.

– Non, elle serait revenue quand même, elle sait que je suis inquiet. Je sens qu'il lui est arrivé quelque chose...

Lozane s'était levé et marchait de long

en large, massif et impuissant. Il prit une photographie encadrée de Julie qui reposait sur une desserte de bois verni et la contempla longuement.

– C'est moi qui dois la retrouver, c'est ma fille. Je dois faire confiance à mon instinct.

– Comment voulez-vous la retrouver seul ? Il y a des kilomètres de couloirs, de caches, de souterrains.

– Je sais, mais je m'en sortirai. Bon, tu réveilles toute l'équipe, on va mettre au point le quadrillage du Supéco. Vous vous occuperez des Petits Poucets et moi, je me charge de ma gosse.

Julie, minuscule, se tenait dans la grande pièce. À ses pieds, un chien de race Bas-Rouges lui dévoilait ses crocs à intervalles réguliers.

C'est Banzaï qui menait l'interrogatoire :

– Alors, t'es remontée, t'es redescendue et maintenant on te retrouve ici. Me dis pas que tu débarques par hasard...

– Si, justement, j'arrive pas à m'y retrouver dans tous ces tunnels.

– Fais un effort, salope, sinon je lâche le chien, tonna Deker.

Julie, terrorisée, contemplait la bête grondante prête à mordre.

Collet préparait le café pendant que Lozane pianotait sur son bureau, entouré de Furet, Bordas et Martin.

– Martin, explique-moi comment est foutu ce Supéco ? demanda l'inspecteur principal.

– En sous-sol, ouvert toute la nuit, des grandes travées, deux caisses en batterie pour la nuit et des employés à moitié endormis, chef.

– Bon, tu as ton idée ?

– Comme on ne sait pas s'ils seront nombreux, je préconise de laisser entrer toute la bande et, au moment où ils sortiront, de bloquer les sorties avec des fourgons. Il me faut un maximum de flics en tenue, c'est ça le hic.

– Pourquoi tu ne fais pas le coup des faux clients ?

– On peut pas connaître la réaction des gosses. Si ça se trouve, ils sont à moitié sauvages et on risque de se retrouver dans une merde pas possible dans le magasin. Qui plus est, on peut en perdre…

Lozane avala le café que lui tendait Collet. On le sentait à cran, l'esprit ailleurs.

– Pas de violence, les gars, d'accord ?

– Pourquoi ? s'enquit Bordas, maussade.

Lozane expédia son gobelet de café dans la poubelle.

– Parce que, *a priori*, ces gosses sont des mômes abandonnés ou fugueurs, bref, des malheureux. D'autre part, d'après Julie, ils sont exploités par des clodos. Vous n'avez donc pas affaire à des salauds habituels mais à des gens fragiles. Ça ne veut pas dire tendre la joue droite si on vous claque la gauche.

– C'est pas not'genre, patron, s'amusa Collet.

– Okay. Dès que tout ce monde-là sera embarqué, vous les passez à la moulinette au sujet de Julie. Je resterai en contact radio avec Martin et, si les gosses crachent quelque chose d'intéressant, ça m'aidera. Vous pigez le truc ?

Les adjoints opinèrent du chef comme un seul homme.

– Bordas, va nous chercher la bouteille de cognac, commanda Lozane.

Une dizaine de Petits Poucets se tenaient dans une zone tubulaire près d'une porte munie d'un passe qui leur permettrait de gagner à l'air libre le magasin Supéco. Une altercation venait d'éclater entre Antoine, Bunny et Berty.

Le plus petit des gosses, Antoine, se tenait dans un coin, l'air revêche.

– Et pourquoi tu viendrais pas, hein ? T'as une raison valable ? demanda Berty.

– Ce coup-là, j'le sens pas.

– Tu l'sens pas, tu l'sens pas, c'est des

conneries, tout ça ! T'es pas médium, Antoine ! lui lança Bunny à la tête.

– Qu'est-ce que c'est, médium ?

– C'est un mec qui lit l'avenir...

– Non, ch'uis normal mais je sens qu'il va m'arriver quelque chose.

Les deux autres levèrent les yeux au ciel alors que le restant des Petits Poucets contemplait la scène de loin, avec amusement.

– Il peut rien t'arriver, Antoine, t'es avec nous, tes copains. On va se faire ce Supéco sans problème. Merde, on a déjà braqué des magasins !

– Je sais, c'est pas ça...

Bunny s'accroupit devant l'enfant.

– Bon, alors, dis-moi ce que c'est ?

Le gamin baissa les yeux, gêné et tourmenté.

– J'aime pas en causer.

– Je suis ton ami, Antoine. Dis-moi.

– Cette nuit, j'ai rêvé à ma mère. Elle me disait de faire attention à moi, de pas prendre de risques.

Bunny le contempla longuement.

– Okay, Antoine, mais c'était seulement un rêve. Les rêves n'ont pas de rapport avec la réalité, tu es d'accord ?

– Ça dépend.

– De quoi, ça dépend ?

– Ma mère, c'est ma mère.

Bunny commençait à se fatiguer.

– Bon, qu'est-ce que tu vas faire si tu viens pas ?

– Je dormirai, je vous attendrai, j'en sais rien, j'ai pas réfléchi.

– Ici, tout seul ?

– Euh... oui.

Bunny se tourna vers Berty qui suivait l'entretien de près.

– Berty, tu vas rester avec Antoine.

– Il ne risque rien, ici...

– Je sais, mais il pédale dans la semoule. Je préfère qu'il y ait quelqu'un avec lui.

À ce moment, la porte de communication fut poussée et Smoke apparut, un peu essoufflé.

– Alors, vous êtes prêts, les tueurs ? Vous vous rappelez que l'essentiel à piquer, c'est la hi-fi. La bouffe et les conneries comme ça, c'est en plus.

– On sait tout ça, Smoke, le stoppa Bunny.

– Je préfère répéter parce que, sur place, vous n'aurez pas dix ans pour tout rafler. Bon, on attend deux minutes et on y va. Où ils vont, ces deux-là ?

– Antoine a pas le moral et Berty reste avec lui.

– Antoine, il commence à faire chier. On s'expliquera en rentrant, gronda Smoke.

Puis il consulta sa montre et entreprit de libérer la porte métallique.

Lozane sillonnait seul et sans relâche les sous-sols fangeux. Il s'était fait confier un jeu de passes par le responsable de la station et, méthodiquement, il poussait des portes, enfilait des couloirs, se risquait dans des tunnels. De temps à autre, il s'arrêtait pour souffler et sortait de sa poche la photo de sa fille.

Un peu bêtement, il la contemplait pour se donner du courage, puis reprenait sa quête.

Deux skins, un clochard et trois couples en goguette effectuaient leurs emplettes au Supéco. Le rire gras des femmes vaguement éméchées résonnait dans l'édifice froid. Les caisses étaient désertées par les employés qui s'activaient un peu plus loin à redresser des piles de boîtes de petits pois.

L'entrée silencieuse des Petits Poucets vint pimenter d'insolite la soirée en cours. Ils se répandirent sans mot dire aux quatre coins du magasin, certains d'entre eux poussant des Caddie qu'ils remplissaient avec n'importe quoi. Surveillant du coin de l'œil les employés, ils empilèrent sous leurs vêtements un maximum de bricoles, puis les plus grands se placèrent au milieu du groupe et commencèrent à dégager le matériel hi-fi. Découvrant cet attroupement mobile, un employé fronça les sourcils et se rapprocha du monôme :

– Hé ! les gosses, à quoi vous jouez ?

Les Petits Poucets ne prirent pas la peine de répondre et, à grandes enjambées, le groupe compact se transporta vers les caisses.

– Josiane, arrête-les ! hurla l'employé.

Mais Josiane se faisait déjà bousculer par le mille-pattes et devait s'effacer.

Les Poucets jaillirent sur l'asphalte, hilares. À ce moment précis les fourgons de police braquèrent leurs phares. Des policiers en uniforme formaient un cercle bien fermé autour des portes de sortie. Les yeux des enfants papillotèrent sous l'agression lumineuse. Martin saisit son mégaphone et s'avança dans la lumière :

– C'est fini, les mômes ! Posez tout le matériel par terre.

Il y eut un moment de flottement puis les gosses se jetèrent en hurlant sur les policiers. Ceux-ci connaissaient leur métier. On vit filer dans la nuit Bunny et un gamin aux cheveux rouges. Tous les autres se retrouvèrent, la tête basse, dans le panier à salade. Martin décida d'en sélectionner trois pour un interrogatoire d'urgence. Suivi par Furet, il entraîna les enfants en direction du poste de police de la rue Pierre-Lescot.

11

Le flic avait un visage buté et ses yeux clairs de rouquin se plissaient pour essayer de s'y retrouver dans l'entrelacs de coursives des souterrains.

Il emprunta le même chemin que Julie mais lui n'avançait pas au hasard. Il débarqua enfin dans la grande salle aux murs secs et découvrit, les yeux ronds, la fille de Lozane au centre d'un tribunal formé par Deker, Banzaï et Riton.

– Qu'est-ce que vous foutez avec cette môme ? s'enquit Kostas.

– Nous, rien. C'est elle, elle est revenue toute seule après avoir mis les bouts. Elle dit qu'elle s'est perdue, c'est triste, non ?

– Vous êtes dingues ou quoi ? Vous savez qui c'est ?

Les trois clochards secouèrent la tête en signe de dénégation.

– C'est la fille de l'inspecteur Lozane. Son père la cherche avec toute une armée de flics depuis deux jours. Elle était ici ?

– Non, avec Smoke et Bunny.

– Merde ! Bon, il y a une autre urgence : la bande s'est fait coincer par une équipe spéciale au Supéco. J'ai vu Bunny qui réussissait à filer mais tous les autres sont au trou, alors attendez-vous à de la visite.

Les clochards s'étaient levés et, instinctivement, tous se tournèrent vers Deker.

– Le bateau ne devait partir que demain soir, c'est emmerdant... J'espère que ça va pas faire d'histoires avec Igor, s'inquiéta Deker.

– De toute façon, ici, c'est grillé. Dans une heure, ils seront sur nous ! s'exclama Kostas.

Puis il se figea sans crier gare, pétrifié par une pensée impromptue.

– Merde... les gosses vont me donner à Lozane, je suis foutu.

– T'étais payé pour prendre des risques, rétorqua Deker.

Kostas le considéra, les yeux mi-clos.

– Il faut que je prenne le bateau, moi aussi.

Deker s'avança vers lui :

– Hors de question, d'abord il n'y a pas de place, et ça peut foutre la vente par terre. Tu te démerdes, Kostas.

Puis, se tournant vers Banzaï :

– Va chercher la marchandise de luxe.

Le clochard déverrouilla la porte du fond et cria :

– Hé ! vous deux, arrivez par ici !

Tony et sa mèche verte, flanqué d'un adolescent de son âge aux traits fins et aux cheveux blonds, fit son entrée, surpris par la violence de la lumière.

Julie s'était déjà dressée. Elle plongea dans les bras du gamin qui la considéra avec effarement.

– Qu'est-ce que tu fais ici ?

– Je suis venue te chercher.

Alors qu'ils chuchotaient bouche contre oreille, la voix de Kostas claqua dans le dos du groupe de clochards et d'enfants :

– Deker, je pars avec le bateau.

Les clochards se retournèrent : Kostas leur faisait face, son pistolet automatique à la main.

Ils s'écartèrent les uns des autres, formant un cercle autour du flic. Celui-ci pointait alternativement son arme de l'un à l'autre, ne sachant qui braquer.

Deker fit un pas en avant. Kostas tendit le bras, mais c'est Riton qui lui expédia sa lame dans l'estomac. Le flic s'écroula, le doigt crispé sur la détente du pistolet qui se mit à cracher ses balles aux quatre coins de la pièce. Tous se jetèrent au sol pour éviter les ricochets, puis Banzaï parvint en rampant jusqu'au policier et confisqua l'engin de mort.

L'air, déjà rare dans la pièce, empestait et la fumée noyait les visages. Ils se redressèrent un à un, étonnés d'avoir échappé au massacre.

– Quel con, ce Kostas ! grogna Deker. Il est mort ?

– Non, j'pense pas, répondit Banzaï.

– Bon, laissons-le crever ici. Allez, on rassemble la troupe et on dégage.

Ils poussèrent Julie vers la porte du fond, puis l'enfant blond. Et se dévisagèrent, stupéfaits : Tony avait disparu.

Il cavalait, Tony. Ventre à terre, essayant de s'y retrouver dans le noir, dans les entrailles du Forum, dans l'allégresse aussi, car chaque mètre avalé l'éloignait un peu plus de cette saloperie de bateau qu'on lui promettait depuis une semaine.

Alors, il courait. Puis il se souvint de Julie. Pour fuir, seule sa peur sauvage d'être vendu l'avait guidé. Maintenant, il ralentissait le pas, il réfléchissait. Il avait laissé Julie avec ces salauds. C'était dégueulasse. Mais retourner en arrière était au-dessus de ses forces.

Puis il pensa : « Les flics ! Je vais revenir avec les flics et on la ramènera. »

Lozane, lui aussi, marchait, Julie en point de mire. Après avoir visité le tunnel de la direction Sceaux, il remontait lourdement sur un quai, quand il aperçut à trente mètres un gosse qui débarquait d'une porte de service, le visage défait.

Lozane hurla :

– Hé ! là-bas, stop !

Tony tourna la tête et reconnut tout de suite la silhouette massive de l'inspecteur Lozane, qu'il avait croisé deux fois chez Julie.

Il se précipita vers le flic :

– Monsieur Lozane !

– Tony ?

Ils voulurent parler en même temps, mais Lozane prit vite le dessus :

– As-tu vu Julie ? Où étais-tu passé ?

– Ils me retenaient prisonnier, c'est des clochards qui dirigent tout...

– Oui, je sais, je sais.

– Ils m'avaient mis avec Cyril dans une planque à part pour nous vendre.

– Okay, Tony, tu m'expliqueras ça. Je cherche Julie...

– Elle m'a retrouvé, je sais pas comment, puis il y a eu cette fusillade et j'en ai profité pour me sauver...

Au mot « fusillade », Lozane avait saisi le gosse par le col, bouleversé :

– Et Julie, elle est blessée ?

– Non, non, j'pense pas, elle était allongée par terre comme tout le monde.

– Qu'est-ce qui s'est passé ?

– C'est Kostas, le flic, qui a fait du grabuge. Il a tiré avec son pistolet, il voulait partir avec le bateau...

– Et Julie ?

– Je sais pas, elle est restée là-bas.

– Tu peux m'y conduire ?

– D'accord, mais ils sont vachement dangereux.

– Moi aussi.

Là-dessus ils firent demi-tour et se mirent en marche dans l'obscurité d'un tunnel. Tony se tourna à demi vers Lozane :

– J'ai pas voulu abandonner Julie, vous savez, mais j'ai tellement peur d'être enlevé que j'ai profité de la première occasion pour me tirer...

– Ne t'inquiète pas, je ne t'en veux pas... et je sais c'que c'est que la peur, ça arrive même aux adultes.

Ils continuaient d'avancer au petit trot.

– Et ce bateau, tu sais à quel endroit il se trouve ?

– Non, ils n'en parlaient jamais. D'ailleurs, je sais qu'il s'agit d'un bateau parce que j'ai surpris une conversation entre Deker et Smoke. C'est un coup de pot.

– Qui c'est, ceux-là, Deker et Smoke ?

– Deker, c'est le chef des clochards, et Smoke, c'est lui qui dirige la bande des enfants.

– T'es pas près de refaire une fugue, hein, Tony ?

– Non, j'ai ma dose pour dix ans.

– Tu sais que ta mère, elle se fait un sang d'encre à ton sujet ?

– Me dites pas ça, merde... Attention, on arrive.

Tony était parvenu au centre du dernier couloir qui desservait la grande pièce. Lozane tira son revolver de sous son aisselle et passa devant l'enfant.

– Reste derrière moi.

Il pénétra brusquement dans la pièce, revolver braqué devant lui, genoux demi-pliés. Plus personne, à l'exception de Kostas, allongé par terre. Lozane se pencha sur le policier et lui releva les paupières, colla son oreille à sa poitrine. Il se redressa lourdement. Tony l'avait rejoint.

– Il est mort, laissa tomber Lozane.

Ils visitèrent la pièce attenante qui avait fait office de cellule pour Tony. Deux matelas, posés à même le sol, et quelques illustrés en constituaient le seul ornement.

– C'est là qu'ils nous gardaient, expliqua l'adolescent.

– Il faut trouver ce bateau, Tony. Tu as une idée ?

L'enfant fronça les sourcils.

– À part les clochards, le seul qui saurait, c'est peut-être Smoke, mais il est sûrement à l'autre planque...

– Je ne pense pas. Mes adjoints ont tendu un piège à toute la bande ce soir, il y a des chances qu'il se soit fait emballer avec les autres au supermarché.

– Un piège ? Comment ça ?

– Oui, ils s'apprêtaient à dévaliser le Supéco. Viens, on va remonter.

Tout en marchant, Lozane actionna sa radio :

– Martin, Martin...

– J'écoute, chef. Stop.

– Comment ça s'est passé ? Stop.

– Un seul a filé. Stop.

– Tu aurais un certain Smoke avec toi ? Stop.

– Oui, c'est le chef de la bande, d'après les petits. Stop.

– Okay, j'arrive. J'ai retrouvé Tony. Stop.

– Et Julie ? Stop.

– J'arrive, je t'expliquerai. Stop.

12

Martin, les flics et les Petits Poucets avaient abandonné le poste de police de la rue Pierre-Lescot, jugé trop exigu.

Ils s'étaient regroupés dans les locaux de leur propre commissariat, et c'est là que Lozane et Tony les rejoignirent.

Les Petits Poucets, dépités, dépenaillés et honteux, étaient répartis dans la salle des inspecteurs, certains assis par terre, d'autres debout, évitant de se regarder les uns les autres.

Sans se l'avouer, ils savaient déjà que cette arrestation sonnait le glas d'une forme de liberté. Même si certains avaient plus subi la férule de Smoke et des clochards qu'ils ne l'avaient recherchée, ils devaient convenir que l'avenir ne s'annonçait pas forcément rose.

Quelques-uns d'entre eux se repassaient en accéléré des scènes de rupture avec des parents hystériques, des courses dans la ville, des conflits permanents avec des éducateurs des centres de liberté surveillée. Ils se préparaient donc mentalement, chacun dans son coin, à renouer avec ce qu'ils avaient fui.

Lozane interpella Martin :

– Tu en as tiré quelque chose ?

– Les plus petits ont parlé, mais ils ne savent pas l'essentiel.

– Bon, je vais me prendre ce Smoke, seul, dans mon bureau. Lequel est-ce ?

Martin lui indiqua du menton le garçon aux cheveux ras qui paradait, goguenard, dans son immuable blouson noir décoré d'une vingtaine de badges consacrés à des groupes rock. Lozane lui allongea une bourrade dans le dos et le poussa vers son bureau.

– Allez, le rocker, passe devant !

Puis il se tourna vers Furet :

– Furet, deux sandwichs. Des vrais.

Le commissaire tira la porte derrière lui. Alors que Smoke prenait une chaise, Lozane leva les yeux vers la fenêtre. La nuit était là, épaisse. Il avait perdu, durant son périple souterrain, la notion du temps. Il faisait donc nuit, Julie était quelque part en partance, et le salaud assis derrière la table devait le renseigner. Si ce n'était pas le cas, il l'aplatirait comme une merde.

L'inspecteur posa une fesse sur le bord du bureau et fixa Smoke dans les yeux.

– Julie, c'est ma fille. J'en ai qu'une, et toi, tu sais où elle est. Alors, ou tu me le dis tout de suite et tout se passera bien, ou alors tu joues au plus malin et je te casse la gueule. Choisis.

Smoke ne baissa pas les yeux.

– D'abord, je savais pas qu'c'était vot'fille. Personne l'a obligée à descendre...

– Où est-elle ?

– J'en sais rien, moi. Elle est restée un jour ou deux en bas puis elle s'est trissée. Depuis, je l'ai pas revue.

– Quand tu dis « en bas », tu veux dire à la Réserve ?

– Comment vous savez ça ?

– T'occupe pas, réponds aux questions.

– Non, pas à la Réserve, à notre planque à nous.

– Bon, admettons, tu l'as pas revue à ta planque, mais moi, je sais qu'elle est passée à la Réserve, et tes amis l'ont embarquée. Ils doivent la faire partir sur un bateau avec un autre gamin. Me dis pas que t'es pas au courant !

– Un bateau ? Jamais entendu parler de ça !

La claque le frappa en pleine bouche et le fit dégringoler de sa chaise.

– Vous avez pas le droit, merde !

– Appelle un avocat, ordure !

– Ouais, c'est ça, c'est ça, j'demande un avocat !

– Le téléphone est en dérangement. Je t'ai posé une question. Ce bateau fait évidemment de la traite d'enfants et toi, le chef de bande, tu es forcément au courant.

Smoke, buté, s'était rassis. Tête baissée, il réfléchissait.

– Admettons, je dis bien admettons, que j'en ai entendu parler. Qu'est-ce que ça me rapportera de vous le dire ?

Lozane fit le tour de son bureau, les poings serrés. Il devait se retenir d'écraser la gueule de Smoke. Ça lui coûtait, bon Dieu ! Il se força à s'asseoir, pour se détendre les nerfs.

– Qu'est-ce que tu voudrais ?

– La liberté.

– Impossible.

– Pourquoi ?

– C'est trop gros. Vente d'enfants, braquages divers et surtout incitation au suicide avec cette saloperie de médicament.

– C'est pas moi qui le distribue...

– Peut-être, mais tu es au courant de tout ce merdier. Je peux pas te laisser partir comme ça dans la nature.

Lozane consulta sa montre : minuit. Le temps passait trop vite.

– Je peux m'arranger avec le juge, on te fera seulement faire un séjour en liberté surveillée...

– Combien de temps ?

– J'en sais rien, merde. Si tu parles, je promets de te renvoyer l'ascenseur. C'est tout c'que je peux te dire pour le moment. Alors maintenant, crache le morceau !

Lozane s'était relevé. Il saisit Smoke par le blouson et le hissa à sa hauteur par la force des bras.

– Dépêche-toi, Smoke, je deviens fou !

Le visage de l'inspecteur s'était creusé, les yeux lui sortaient littéralement du visage. Devant ce masque haineux, le gamin se dégonfla.

– C'est au port de la Bastille.

Lozane le laissa retomber.

– Le nom du bateau ?

– Un nom genre grec : *Lydia* ou *Kyria*, un truc comme ça. Je l'ai jamais vu.

L'inspecteur ouvrit la porte de communication et lança à la cantonade :

– Enfermez tous les gosses, on part à la Bastille !

Il avisa son baudrier sur un portemanteau, hésita, puis harnacha son corps massif.

Le nouveau port de la Bastille était situé sur un bras mort de la Seine qui s'en venait mourir sous ladite place. Des appontements avaient été installés, les quais remis à neuf, et un jardin-promenade parachevait l'ensemble. Une véritable flottille mouillait dans le port. On pouvait y trouver un petit voilier type 420 ou un gros chiffrant quinze mètres. Quelques bâtiments curieux se prélassaient également dans ces eaux : barques à fond plat trafiquées ou péniches bricolées comme celles que l'on peut apercevoir sur les canaux d'Amsterdam.

13

Le *Kyria* était un petit bateau à moteur plutôt mal entretenu. Un mât laissait supposer qu'il pouvait également naviguer à la voile.

Pour l'heure, une petite lumière falote dans l'une des cabines indiquait qu'il était occupé. Tout autour, calme plat, si ce n'est une bamboula en cours sur un douze mètres situé à la sortie du port.

Lozane, Martin et les enquêteurs se tenaient en surplomb du bras d'eau, accotés au remblai, place de la Bastille.

– Vous avez les armes et les gilets pare-balles ? s'enquit l'inspecteur.

– On est prêts, chef.

– Bon, on va descendre et encadrer le bateau par le quai. Je ferai un appel au porte-voix.

Les flics acquiescèrent et, silencieusement, les cinq hommes descendirent l'escalier qui conduisait au quai. Ils se postèrent tout autour du *Kyria*, complices de la nuit qui noyait le jardin.

Lozane, à découvert, sortit son porte-voix.

– Comment s'appelle le chef, déjà ?

– Deker, répondit Martin.

L'inspecteur emboucha son porte-voix :

– Deker, ici c'est l'inspecteur Lozane. Vous êtes encerclés et vous n'avez aucune chance de vous enfuir. Rendez-vous et sortez, un par un.

Sur le *Kyria*, rien ne bougea. Lozane réitéra son message, manifestement nerveux, et ne sachant trop quoi penser de ce silence pesant.

Une seconde lumière jaillit dans l'une des cabines puis une porte claqua, et la face écarlate de Deker apparut sur le pont. Il tenait serrée contre lui par le cou la petite Julie qui roulait des yeux terrifiés. Avec son autre main, Deker braquait un pistolet sur la tempe de la gamine.

– Alors, Lozane, t'es sûr qu'on partira pas ?

À la vue de sa fille et mesurant le danger qu'elle courait, Lozane s'était figé, incapable de prononcer un mot. Il balbutia :

– Julie, tu n'as rien ?

Elle fit « non » avec la tête. Deker, contre son oreille, ricana avec emphase :

– Elle a rien pour le moment, mec, mais faudrait voir à pas m'énerver !

Lozane et Martin se consultèrent du regard. Il leur fallait gagner du temps.

– Qu'est-ce que tu proposes, Deker ? s'enquit Lozane, la voix cassée.

– Vous nous laissez partir, pas d'escorte, pas d'hélicoptère, rien, et je libère ta fille au pont Saint-Michel. Si on me cherche des crosses après Saint-Michel, faut pas oublier que j'ai encore un otage à zigouiller. Riton, montre-leur le gamin ! hurla Deker.

Riton ne voulut pas se montrer, aussi poussa-t-il devant lui, à bout de bras, l'adolescent blond, compagnon de détention de Tony.

– J'ai besoin de réfléchir à tout ça... commença Lozane.

– Je te laisse cinq minutes. Si t'es pas décidé dans cinq minutes, je te balance ta fille. Morte, évidemment.

Lozane acquiesça en serrant les poings,

tandis que Deker disparaissait dans l'escalier qui desservait les cabines.

L'inspecteur rejoignit ses hommes.

– Il ne rendra pas Julie, et l'autre gosse encore moins. Il peut nous balader pendant dix ans avec ses deux otages. Qu'est-ce que t'en dis, Martin ?

– Faut intervenir ici.

– Les gosses peuvent y rester.

– En douceur, chef, par la flotte. Je pourrais m'approcher en barque par l'arrière avec Bordas, pendant que vous les occupez à l'avant. Une fois sur le bateau, on les bouffe tout crus, ce sont des clodos, faudrait pas oublier, quand même !

Lozane se mordillait la lèvre, indécis.

– C'est pas une mauvaise idée, chef, approuva Collet tandis que Furet opinait du bonnet.

– Bon, d'accord, se décida l'inspecteur, vous avez trois minutes pour faire le tour et récupérer une barque.

Martin et Bordas firent volte-face et entreprirent de remonter les escaliers pour gagner le quai d'en face. Aucune barque légère n'était amarrée ; ils grimpèrent sur un petit voilier et détachèrent fébrilement le canot de sauvetage. Puis ils le déposèrent délicatement dans l'eau au moment où Deker réapparaissait avec Julie sur le pont du bateau.

– Alors, Lozane, ta réponse ?

– C'est d'accord, mais je veux récupérer ma fille maintenant.

– T'as pas confiance, mec ?

– Non.

Deker éclata d'un rire saugrenu.

– Alors, on est deux à pas avoir confiance, car si je te laisse ta gosse maintenant, je donne pas cher de ma peau.

Pendant ce temps, Martin et Bordas avaient rejoint le *Kyria* en quelques coups de rames silencieux. Ils se hissèrent à la force des bras sur le pont arrière dont les lattes gémissaient sous leurs pas.

Deker, à l'avant, commençait à s'énerver :

– Regarde bien ta môme, flic de mes deux, c'est peut-être la dernière fois que tu la vois en bon état.

– Tu signes ton arrêt de mort en faisant cela, objecta calmement Lozane. Je veux récupérer Julie à la sortie du port, pas plus loin.

– T'es bouché, mec, ou quoi ?

Deker s'agitait un peu trop au gré de Lozane. Brusquement, le clochard, mû par son instinct, perçut une présence dans son dos et se retourna au moment où Riton hurlait :

– Fais gaffe, Deker !

Le clochard leva son arme, mais Julie lui mordit sauvagement la paume. Deker l'écarta d'une bourrade et la fillette fut projetée dans l'eau du port. Martin, profitant de la diversion, plaqua Deker au sol pendant que Bordas posait son énorme 44 sur la tempe de Riton.

Le seul à paniquer était Lozane, dont la fille ne savait pas nager. Alors qu'il aurait suffi de lancer un filin à la gamine, l'inspecteur – aux quatre cents coups – se laissa tomber lourdement à l'eau pour récupérer sa môme qui hoquetait.

14

Trois jours plus tard, les Lozane recevaient à dîner Tony, accompagné par sa mère. Le beau-père était en province, occupé à revendre un lot de parapluies.

Julie avait mis les petits plats dans les grands et proposait un pot-au-feu arrosé d'un beaujolais de bon aloi.

L'inspecteur releva le nez de son assiette, le regard pétillant.

– Alors, Tony, tu n'es pas près d'y remettre les pieds, au Forum, pas vrai ?

Tony baissa la tête, le rouge aux joues.

– Qu'est-ce qu'il a ? s'enquit Lozane en se tournant vers sa fille.

– Ben, voilà, justement, on avait pensé redescendre une fois pour...

– Mais qu'est-ce que j'ai fait au bon Dieu pour hériter d'une fille pareille ! Tu m'as fait le coup deux fois, tu as été enlevée, j'ai cru mourir et maintenant tu veux redescendre ?

– On peut causer avec toi ? répliqua la gamine, un brin vexée.

Un silence pesant s'abattit sur la tablée. La mère de Tony se pencha vers son fils et lui posa la main sur l'avant-bras.

– Explique à l'inspecteur, Tony.

L'adolescent releva enfin la tête.

– Voilà, y en a encore deux en dessous...

– Deux « quoi » ? rugit Lozane.

– Deux copains, m'sieur. Berty et Antoine.

– Antoine, c'est un copain super, papa.

Lozane reposa sa serviette.

– Et comment tu sais ça, Tony ?

– J'ai rencontré ce matin Bunny au métro Châtelet. Antoine avait peur de braquer le Supéco, alors Bunny a demandé à Berty de rester avec lui. Seulement, voilà, après le départ de toute la bande pour le Supéco, Smoke a enfermé les copains dans la planque.

Lozane soupira : le Forum lui portait carrément sur les nerfs.

– Et ils sont enfermés là-dessous depuis quatre jours ?

– Oui, m'sieur.

– Et ils ont presque rien à manger, appuya Julie.

Lozane se tourna vers sa fille, l'œil allumé.

– Julie, sers-nous les desserts.

Puis il revint à Tony :

– Dessine-moi un plan qui permette de retrouver ta planque.

– Si vous voulez, je peux...

– Tu peux rien du tout. Dessine.

Le lendemain matin, quand Lozane ressortit du Forum en compagnie de Berty et Antoine, il pleuvait. Les deux gosses, sales, affamés, à bout de nerfs, levèrent vers le policier des regards domptés. Devant ces yeux-là, Lozane eut bien du mal à retenir sa compassion. Il posa ses deux grosses pattes sur les épaules des enfants et demanda simplement :

– Un couscous, ça vous irait ?

Ils firent oui avec la tête. Alors Lozane les poussa en avant, s'amusant déjà de la tête que ferait Khaled en les voyant débarquer.

souris Noire

Dans la même collection

1 **Pinguino**
Franck Pavloff

2 **Lambada pour l'enfer**
Hector Hugo

3 **Le Squat résiste**
Franck Pavloff

4 **Ippon**
Jean-Hugues Oppel

5 **Cauchemar-rail**
Stéphanie Benson

6 **Mon frère est un drôle de type**
Olivier Mau

7 **La Calanque des ermites**
François Joly

8 **Un privé chez les nababs**
Gérard Moncomble

9 **Embrouille à minuit**
Malika Ferdjoukh

10 **Nuit rouge**
Jean-Hugues Oppel

11 **Aladdin et le crime de la bibliothèque**
Marie et Joseph

12 **Wiggins et le perroquet muet**
Béatrice Nicodème

13 **Wiggins et la ligne chocolat**
Béatrice Nicodème

14 **L'Assassin de papa**
Malika Ferdjoukh

15 **Frères de sang**
Olivier Thiébaut

16 **Le Disparu de Cabrérac**
Alix Clémence

17 **Le Père Noël s'appelle Basile**
Pierre Pelot

18 **La Planque**
Frédéric Fajardie

19 **L'Inconnue dans la maison**
Stéphanie Benson

20 **Tonton tué**
Serge Quadruppani

21 **Marathon sur l'estuaire**
Hubert Ben Kemoun

22 **La Vengeance de la petite gitane**
René Frégni

23 **Pépé Grognon**
Jean-Loup Craipeau

24 **Un pavé dans la mare**
Robert Deleuse

25 **Une incroyable histoire**
William Irish

26 **Trois Soleils mauves**
Marc Menonville

27 **L'Aventure du pied du diable**
Arthur Conan Doyle

28 **Dans le grand bain**
Jean-Hugues Oppel

29 **Au bord de l'abîme**
Charlotte Armstrong

Achevé d'imprimer sur les presses de

BUSSIÈRE CAMEDAN IMPRIMERIES

GROUPE CPI

à Saint-Amand-Montrond (Cher)
en décembre 2000

Conception graphique couverture : Didier Thimonier
Dessin de la Souris noire : Lewis Trondheim
Typo dessinée par Anne Ladevie
N° d'impression : 005501/1. Dépôt légal : janvier 2001.
Loi n° 49.956 du 16 juillet 1949
sur les publications destinées à la jeunesse